Con la colección **Infantil**, desde Vegueta queremos realizar nuestra particular aportación al proyecto universal más apasionante que existe, el de la educación infantil y juvenil. Como una varita mágica, la educación tiene el poder de iluminar sombras y hacer prevalecer la razón, los principios y la solidaridad, impulsando la prosperidad.

Genios de la Ciencia, la serie de biografías de científicos e inventores, pretende aproximar a los niños a aquellos grandes personajes cuyo estudio, disciplina y conocimiento han contribuido al desarrollo y a la calidad de vida de nuestra sociedad.

Guía de lectura

¿Deseas saber más sobre Copérnico y su época?

Encontrarás citas del protagonista.

Obtendrás información más detallada.

Textos: **David Calle**
Ilustraciones: **Maria Padilla**

Colección dirigida por **Eva Moll de Alba**

© Vegueta Ediciones
Roger de Llúria, 82, principal 1ª
08009 Barcelona
www.veguetaediciones.com

ISBN: 978-84-17137-79-3
Depósito Legal: B 19593-2022
Fecha de publicación: febrero de 2023
Impreso y encuadernado en España

Esta obra ha recibido
una ayuda a la edición del
Ministerio de Cultura y Deporte

MINISTERIO
DE CULTURA
Y DEPORTE

DIRECCIÓN GENERAL DEL LIBRO
Y FOMENTO DE LA LECTURA

FSC
www.fsc.org
MIXTO
Papel procedente de
fuentes responsables
FSC® C111592

CEDRO

GENIOS DE LA CIENCIA

COPÉRNICO

UNA REVOLUCIÓN EN EL COSMOS

TEXTOS **DAVID CALLE**
ILUSTRACIONES **MARIA PADILLA**

Vegueta **Infantil**

Estaba a punto de ponerse el Sol y, para no perdérselo, Nicolás Copérnico corrió escaleras arriba por la torre inclinada de Toruń, su ciudad natal en Polonia. Todas las tardes disfrutaba de esos breves segundos en los que podía ver el Sol esconderse tras el horizonte.

Ya a sus diez años, Nicolás sabía que, pasada la noche, el Sol saldría por el este y se pondría por el oeste en un ciclo infinito alrededor de la Tierra. O eso pensaba.

También había descubierto, tras un mes completo de observaciones, que la Luna repetía su ciclo cada veintiocho días, y que los días eran más largos en verano que en invierno.

Aquella noche, sin embargo, no pudo contárselo entusiasmado a sus hermanos Andreas, Bárbara y Katharina. Al llegar a casa vio que su madre estaba triste y tenía la mirada perdida. Su padre, que llevaba tiempo enfermo, había muerto. Tendrían que mudarse con su tío materno, obispo en la catedral de Frombork.

Aunque su nuevo hogar no quedaba muy lejos de allí, atrás dejaba a sus amigos de infancia y las tardes a orillas del río Vístula, donde veía pasar barcos cargados de colores, aromas y maravillosas historias.

«El cielo de las estrellas fijas es lo más alto de cuanto es visible».

Catedral de Frombork

La Basílica de la Asunción de la Virgen y San Andrés Apóstol está ubicada en un pueblo en el norte de Polonia. En el año 2005, un equipo de arqueólogos halló allí la tumba de Nicolás Copérnico.

El río Vístula

Es el río más importante de Polonia y uno de los principales del este de Europa. Con 1070 kilómetros de longitud, nace en los montes Cárpatos y desemboca en el mar Báltico.

Nicolás se escapaba cada noche a la torre de la catedral de Frombork para observar desde allí el cielo estrellado. Convirtió aquello en tradición y, a lo largo de su vida, subió a las torres más altas de las muchas catedrales que tuvo la suerte de visitar.

Su infinita curiosidad y el brillo de sus pequeños ojos enseguida llamaron la atención de su tío. Nicolás nunca se conformaba, siempre quería saber más.

«Conseguiré que ingrese en la escuela», pensaba su tío. «Los libros y las clases mantendrán ocupada su mente. Así llevará mejor la tristeza».

Y así fue.

Tras salir de la escuela, Nicolás disfrutaba hablando con su tío, haciendo toda clase de preguntas.

¿Por qué hay estaciones? ¿Por qué el Sol gira a nuestro alrededor y se suceden los días y las noches? Si el resto de las estrellas permanecen fijas en el firmamento, ¿significa que el Sol no es una estrella?

Nicolás estaba repleto de porqués y su tío le explicaba, por ejemplo, que los antiguos babilónicos dedujeron, cientos de años atrás, que la Tierra era el centro del universo, que ocupaba un lugar fijo y que a su alrededor giraban, en órbitas circulares, todos los cuerpos celestes.

Su tío le contó asimismo que un griego llamado Anaximandro imaginó que la Tierra era como un tambor sujeto por sus cuatro puntos más distantes. Eso le daba estabilidad y la mantenía fija en el universo.

Y que fue Pitágoras quien descubrió que la teoría del tambor era errónea. Observando los eclipses, llegó a la conclusión de que la sombra que la Tierra proyectaba sobre la Luna demostraba que nuestro planeta era, en realidad, una esfera perfecta.

—¿Una esfera perfecta? Pero ¿la Tierra no es plana?

—¡Pues claro que no, Nicolás! ¿Cómo se te ha ocurrido pensar algo así? —Sonrió—. Es redonda, parecida a una enorme sandía.

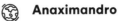 **Anaximandro**

Fue un filósofo y geógrafo griego que trabajó para determinar la distancia y el tamaño de las estrellas. Afirmaba que la Tierra era cilíndrica y que ocupaba el centro del universo.

Pitágoras

Filósofo griego considerado como el primer matemático puro. Contribuyó enormemente en el avance de las matemáticas, la geometría y la aritmética, sobre todo aplicadas a la teoría de pesos y medidas, a la teoría de la música y a la astronomía.

—En realidad muchos siguen defendiendo, incluso hoy, que es plana —prosiguió—. Sospecho que, aunque tuviesen la posibilidad de observarla desde arriba, jamás darían su brazo a torcer. Por eso, querido sobrino, hay que estudiar mucho. Quizás algún día tú puedas sacarlos de su error.

—Te prometo que no faltaré un solo día a la escuela, tío. Entonces... la Tierra es una esfera, y los otros planetas y el Sol y la Luna y las estrellas giran a su alrededor en otras órbitas perfectas e inmutables...

—¡Exacto! Según el griego Ptolomeo, la Tierra es el centro del universo y tiene un papel especial respecto de los demás cuerpos celestes. Este modelo del universo se llama modelo geocéntrico.

—¿Geo... qué?

—Geocéntrico. Viene de dos palabras griegas: *geo*, que quiere decir tierra, y *kentron*, que significa punzón o aguijón.

—¿Y qué tiene que ver un aguijón o un punzón con que sea el centro?

—Buena pregunta. Pues que, si lo clavas y le atas una cuerda, al estirarla podrás dibujar una esfera perfecta. Tengo en la biblioteca un ejemplar del libro de Ptolomeo. Te va a encantar.

SCHEMATA ECLYPSIVM LV
MINARIVM CVM IVSTA TEMPORVM ANNOTATIONE

CLAVDII
PTOLOMAEI
DE PRÆDICTIO-
NIBVS ASTRONOMICIS,
cui titulum fecerunt, Qua-
dripartitum,

LIBRI IV.

Todos aquellos griegos enamorados de las matemáticas y la astronomía deseaban dar una explicación lógica, más allá de mitologías y poderes divinos, a aquello que sucedía a su alrededor.

Cuánto le habría gustado a Nicolás conocerlos, aprender de ellos… Afortunadamente, contaba con los textos que habían dejado. Pasó los años rodeado de libros, en la biblioteca, hasta que llegó el momento de ir a la universidad.

Le esperaba una nueva aventura, esta vez junto a su hermano Andreas. Su tío consiguió que ambos ingresaran en la Universidad de Cracovia. Nervioso, Nicolás fantaseaba con su biblioteca, las personas que allí conocería, lo que podría aprender…

No le defraudó en absoluto; ni en sus mejores sueños lo habría imaginado así. Allí conoció al profesor Albertus, con el que pasaría horas discutiendo las teorías del universo. Una de ellas, el movimiento de los planetas errantes, les traía de cabeza.

«El Universo ha sido forjado para nosotros por un Creador supremamente bueno y ordenado».

Albertus de Brudzewo

Fue un astrónomo, matemático y profesor polaco. Su alumno más famoso fue Nicolás Copérnico y se cree que mantenían discusiones privadas sobre ciencia y astronomía.

El movimiento de los planetas errantes

Algunos planetas, como Venus y Marte, a veces parecen moverse hacia delante y otras hacia atrás. Según el modelo de las esferas cristalinas, no había ningún hecho que pudiera explicar tal baile aparte de un montón de malabarismos matemáticos.

Tras graduarse en la universidad, su tío le insistió en que debía dejar a un lado su pasión y labrarse un futuro, así que decidió matricularse en Derecho en la Universidad de Bolonia, en Italia.

El país vivía una época de cambio, el Renacimiento, que implicaba toda una renovación en las ciencias. Animado por el clima de redescubrimiento, Nicolás asistió a clases de Griego, de Matemáticas y, cómo no, de Astronomía. De hecho, el profesor de esta materia estaba tan encantado con él que lo contrató como ayudante.

Juntos estudiarían el humanismo italiano y a los grandes clásicos; entre ellos a Aristarco de Samos, el primero en apostar por una teoría heliocéntrica que situaba el Sol en el centro del universo, con el resto de los planetas girando a su alrededor.

Nicolás estaba desconcertado… ¿Por qué entonces se sucedían el día y la noche? ¿Estaban las estrellas tan lejos que su desplazamiento no podía ser observado a simple vista?

Su afán de conocimiento era tan grande que Nicolás se mudó a Roma para estudiar Astronomía y Matemáticas.

Su tío sabía que las ideas de Nicolás podían suponerle una condena por herejía, e incluso poner en peligro su vida, así que le convenció para que aceptara el cargo de canónigo de la catedral de Frombork.

Y Nicolás no le falló: aceptó el cargo, estudió Medicina y regresó a Polonia como consejero de confianza y secretario personal de su tío. También ejerció de médico en Heilsberg y realizó otras labores de apoyo a la ciudad.

No obstante, en su habitación, en una de las torres de la catedral, continuó revisando textos antiguos y escudriñando el cielo, y en 1507 empezó a redactar algunas de sus primeras conclusiones.

«Saber que sabemos lo que sabemos y saber que no sabemos lo que no sabemos; ese es el verdadero conocimiento».

Las universidades italianas

La Universidad de Bolonia, fundada en el siglo XI, era la más antigua de Italia y uno de los centros de enseñanza más prestigiosos de Europa. La Universidad de Padua la fundaron en 1222 un grupo de profesores de Bolonia que buscaban mayor libertad intelectual.

El movimiento de traslación

Es el movimiento de la Tierra alrededor del Sol. En 1633, la defensa de este movimiento le supuso al famoso astrónomo italiano Galileo Galilei un juicio a cargo de la Inquisición. Se dice que después de tener que retractarse concluyó: «Y, sin embargo, se mueve».

La traslación del Sol

El Sol se mueve siguiendo una inmensa órbita en espiral alrededor del centro de nuestra galaxia a una velocidad de 220 kilómetros por segundo, que bastarían para dar 20 vueltas a la Tierra en una hora. Además, arrastra todo el sistema solar consigo.

Su tío, su mentor, la persona que siempre había estado a su lado, que le animó a estudiar sin descanso, murió cinco años más tarde. Nadie lamentó tanto su pérdida como él, pero, por otro lado, ahora se sentía más libre para difundir sus textos entre sus amigos.

Su *Pequeño comentario* o *Commentariolus* resumía algunas de sus principales ideas. El trabajo de toda su vida, sus lecturas y sus observaciones verían tímidamente la luz. Sus revolucionarias conclusiones no dejaron indiferente a nadie.

Para empezar, Nicolás Copérnico situó al Sol en el centro del cosmos, inmóvil, y defendió que, si repetía cada año el mismo camino, atravesando las constelaciones del zodíaco, era debido al movimiento de la Tierra alrededor del Sol.

Nicolás había liberado la Tierra, que llevaba 2000 años anclada en el universo. Y no se quedó ahí...

Commentariolus

1. No existe un centro único para todas las esferas celestes.

2. El centro de la Tierra no es el centro del universo, sino tan solo el centro de la esfera lunar.

3. Todas las esferas giran en torno al Sol, que se encuentra en medio de todas ellas, razón por la cual el Sol es el centro del universo.

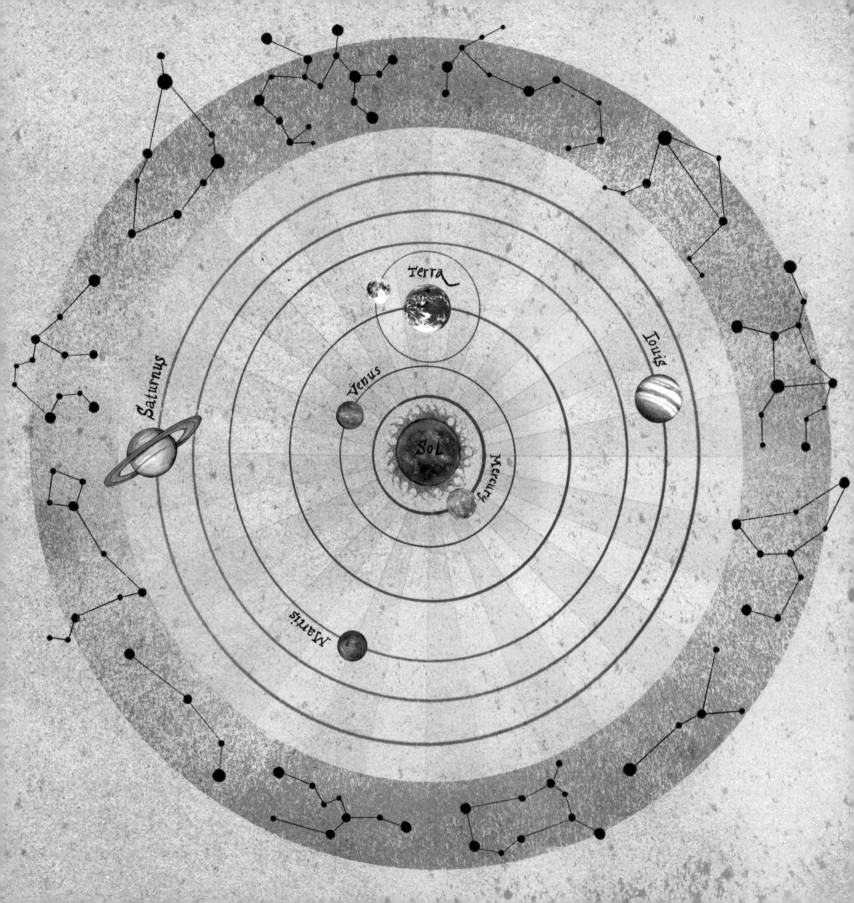

Por primera vez se enumeraron, por orden de cercanía al Sol, los planetas conocidos hasta entonces: Mercurio, Venus, la Tierra, Marte, Júpiter y Saturno. Nicolás descubrió, resolviendo así el dilema de los planetas errantes, que todos ellos giran alrededor del Sol.

Como en una pista de atletismo, la Tierra va más rápido que los planetas de las calles exteriores, sacándoles hasta una vuelta de ventaja al año. Cada vez que adelanta a otro planeta, da la sensación, desde la Tierra, de que el otro planeta frena, empieza a retroceder y al final avanza de nuevo, justo cuando lo hemos dejado atrás.

Esta teoría también le permitió resolver otras incoherencias: los días y las noches se suceden debido al movimiento de rotación de la Tierra y las estaciones del año debido a la inclinación de su eje de rotación.

Una vez más, la historia dejaba claro que las apariencias engañan.

«En medio de todo está el Sol. Porque él es la *lucerna mundi*, la fuente de luz que gobierna e ilumina a toda la gran familia de los astros».

El movimiento de rotación

La Tierra rota sobre sí misma en torno a su propio eje cada 23 horas, 56 minutos y 4 segundos. Es ese movimiento, de oeste a este, el que da lugar a los días y las noches.

El eje de rotación

Como el eje de rotación de la Tierra está ligeramente inclinado, los rayos solares inciden en diferentes puntos del planeta de manera más o menos intensa. Esta variación de temperatura da lugar a las cuatro estaciones del año.

Año bisiesto

La Tierra efectúa un movimiento de traslación alrededor del Sol en una órbita elíptica, no esférica, que dura 365 días, 5 horas, 48 minutos y 56 segundos. Dado que el calendario que usamos solo tiene en cuenta 365 días, perderíamos cada año casi seis horas que deberíamos recuperar. Por eso cada cuatro años, en los llamados años bisiestos, el año dura 366 días, añadiendo a febrero un día más, el 29. Fue el emperador Julio César quien tuvo esta genial idea.

Nicolás acababa de describir el movimiento de traslación y rotación de la Tierra sobre su propio eje inclinado. Había ubicado al Sol en el centro del universo. Suficiente para poner patas arriba todas las ideas preconcebidas durante siglos. Pero ¿también el resto de las estrellas y la Luna giraban alrededor de nuestro Sol?

La respuesta es no. No hay un centro único para las esferas celestes. La Luna, por ejemplo, gira en una circunferencia perfecta, la órbita lunar, alrededor de nuestro planeta.

Los manuscritos de Copérnico y su innovadora teoría corrieron como la pólvora por toda Europa. No era para menos.

La Iglesia estaba preocupada, incluso indignada con lo que ellos consideraban los delirios de un monje polaco. No podían creer que Dios no hubiera ubicado al ser humano en el centro del universo.

«Envíenos una copia de sus escritos cuanto antes», le exigieron las autoridades eclesiásticas desde Roma cuando se enteraron de la noticia.

Sin embargo, la Iglesia no podía atacar públicamente su trabajo sin argumentos con los que rebatirlo, así que decidió esperar. Ningún astrónomo había encontrado todavía pruebas de peso para refutar su teoría. Quizá Nicolás estuviera equivocado, podía ser, pero necesitaban estudiar a conciencia sus conclusiones, concederle el beneficio de la duda y darle una oportunidad. Y, sobre todo, acumular datos suficientes y demostrar con hechos sus posibles errores.

Corría el rumor de que Nicolás, cuyos textos circulaban ya por todas las grandes universidades europeas, estaba enfrascado en nuevos estudios, dando forma a la que sería su obra maestra, e incluso que había completado un tratado astronómico en el que reunía todas sus teorías.

Tal vez por temor, no se atrevía a publicarlo, ni siquiera cuando la Iglesia «aceptó» sus conclusiones, al menos desde el punto de vista científico.

«El movimiento de la Tierra sola basta para explicar muchas desigualdades aparentes en los cielos».

○ «Como sentado en un trono real, el Sol gobierna la familia de planetas que giran a su alrededor».

Los planetas del sistema solar

Según su proximidad al Sol, ordenados de menor a mayor distancia, los ocho planetas del sistema solar son: Mercurio, Venus, la Tierra, Marte, Júpiter, Saturno, Urano y Neptuno. Venus es el tercer objeto más brillante a simple vista para nosotros después del Sol y la Luna.

Rheticus

Georg Joachimvon Lauchen fue un médico, matemático, astrónomo y teólogo austriaco, constructor, además, de instrumentos musicales. Contribuyó considerablemente a la expansión del pensamiento copernicano y convenció a Copérnico de que publicase su obra maestra.

Su obra maestra, a la que llamó *De revolutionibus orbium coelestium* (*Sobre las revoluciones de los orbes celestes*), estaba para él muy lejos de estar terminada. Sus propias conclusiones le creaban nuevas dudas. A pesar de haber dedicado miles de horas a contemplar el cielo y documentar cualquier movimiento en el firmamento, por pequeño que fuese, debía demostrar matemáticamente todo lo que había intuido.

El destino quiso que en aquella época conociera a Rheticus, que enseguida se convirtió en su único discípulo.

Rethicus, profesor de Matemáticas y Astronomía en Wittenberg, estaba realizando un largo viaje de estudios con la intención de establecer contacto con otros astrónomos y matemáticos. Fue en Núremberg donde un editor y un impresor, enamorados ambos de la obra de Copérnico, rogaron a Rheticus que hablara con él y le convenciera de publicar su libro. Estaban convencidos de que sería todo un *best seller*.

—Nicolás, tienes que publicarlo. Tu trabajo es impecable y va a suponer un antes y un después en la historia de la astronomía, incluso de la filosofía y la religión. ¡Y la Iglesia no ha puesto demasiadas trabas!

—Querido amigo, todavía quedan muchos interrogantes… *De Revolutionibus* supone un desafío a Aristóteles, a la Iglesia y al sentido común. Si la Tierra se desplaza y gira tan rápido, ¿por qué las cosas no caen en curva? ¿Y por qué no salimos disparados al espacio? Tengo la sospecha de que todavía nos falta mucho por aprender…

Rheticus sabía que tenía razón, pero creía ciegamente en Nicolás, no podía esperar. Él asumiría las consecuencias de dar el primer paso. Redactó un resumen de las teorías de Copérnico y se lo envió al editor, que lo publicó ese mismo año bajo el nombre de *Narratio Prima*.

«*Alea iacta est*», pensó. La suerte está echada.

«No estoy tan enamorado de mis propias opiniones para ignorar lo que otros puedan pensar de ellas».

Narratio Prima

Es la primera publicación impresa de la teoría heliocéntrica de Copérnico. Se trata de un resumen escrito por Georg Joachim Rheticus y publicado en 1540.

Tiedemann Giese

Fue un príncipe-obispo de Warmia. Su interés por las matemáticas, la astronomía y la teología lo llevó a ser mentor de muchos jóvenes intelectuales importantes, incluido Copérnico.

Después de aquello, a Nicolás le costó mucho perdonar a Rheticus. Pero tras el éxito de *Narratio Prima* no quedaban más excusas para retrasar la publicación de *De revolutionibus*. Solo su buen amigo Tiedemann consiguió que perdonara a su discípulo:

—Nicolás, eres demasiado perfeccionista. Y un poco egoísta, perdona que te lo diga. Todavía tienes tus dudas, lo sé. Pero ha llegado el momento de dar a conocer al mundo todo lo que has descubierto. La ciencia te necesita y, aunque ahora no te lo creas, estará para siempre en deuda contigo. Deja que Rheticus te ayude a publicarlo. Un amigo suyo, Andreas Osiander, es un gran editor. ¡No se me ocurre nadie mejor para ello!

—Está bien, Tied... Llevo noches dándole vueltas. Sabes que estoy enfermo, no sé cuánto tiempo me queda. Y he decidido que seas tú quien ponga a buen recaudo todo mi trabajo cuando yo falte. Entrégale mi tratado a Rheticus. Lo dejo en tus manos.

Bien entrada la noche, Rheticus se marchó a casa y Andreas empezó a seleccionar los tipos móviles. Seguía temeroso de las consecuencias de la publicación. Pero tenía una idea: «La presentaré como una hipótesis matemática y no como una nueva forma de ver la realidad del universo». Y suspiró aliviado mientras se preparaba para la larga noche que tenía por delante.

El 24 de mayo de 1543, después de que llegase a casa de Nicolás la primera edición impresa del trabajo de toda su vida, falleció. Sus restos descansan desde entonces en la catedral de Frombork, a cuyas torres tantas veces subió para contemplar el Sol y las estrellas.

El trabajo de Nicolás Copérnico ha inspirado a astrónomos y científicos durante siglos. Gracias a él sabes que ahora mismo, mientras lees esta página, viajas a cientos de kilómetros por hora a bordo de la nave espacial más increíble que conoces: nuestro planeta Tierra. Sin darte cuenta vas dando vueltas como una peonza en un infinito y maravilloso viaje a través de la galaxia.

«Es posible que las cosas que estoy diciendo ahora resulten oscuras, pero se aclararán en el lugar que les corresponde».

La imprenta

Hasta 1452, cuando el alemán Johannes Gutenberg inventó la imprenta, los libros eran manuscritos y llegaban a pocos privilegiados. Su invención transformó la sociedad en todos sus ámbitos, pues permitió que se difundieran numerosos ejemplares, poniendo así los textos al alcance de todo el público.

Tipos móviles

Antiguamente la impresión consistía en grabar textos en planchas de madera talladas. Pero cada vez que se detectaba un error había que volver a tallar toda la plancha. A partir de ahí surgieron los tipos móviles, que permitían componer una página a partir de moldes con letras y caracteres por separado, y, si se cometía un error, únicamente había que sustituir el carácter erróneo.

El protagonista

1473

El 19 de febrero nace Nicolás Copérnico en Toruń, una bonita ciudad a orillas del río Vístula, en Polonia.

1483

Tras la muerte de su padre, se muda a Frombork con su madre y sus hermanos. Pasa mucho tiempo con su tío, quien estimula su curiosidad científica y mantiene con él interesantes conversaciones sobre el universo.

1496

Nicolás viaja a Italia y se matricula en la Universidad de Bolonia, donde estudia Derecho, Medicina, Griego y Filosofía. Buscando respuestas, abandona la carrera, se muda a Roma y se doctora en Astronomía y Matemáticas.

Otros genios de la ciencia

355-415

Hipatia
La gran maestra de Alejandría

1473-1543

Copérnico
Una revolución en el cosmos

1815-1852

Ada Lovelace
La primera programadora de la historia

1856-1943

Nikola Tesla
El mago de la electricidad

1501

Vuelve a Polonia y es nombrado canónigo en la catedral de Frauenburg, pero enseguida regresa a Italia para estudiar Derecho y Medicina en Padua.

1523

De nuevo en su país, ejerce la medicina, se dedica a la administración de la diócesis de Warmia y desarrolla un inmenso trabajo en el campo de la astronomía.

1543

Se publica su obra *De revolutionibus*, teoría heliocéntrica que se convierte en la piedra angular de la astronomía moderna. Fallece ese mismo año.

1867-1934

Marie Curie
El coraje de una científica

1910-1997

Jacques Cousteau
El descubridor de los mares

1914-2000

Hedy Lamarr
Aventurera, inventora y actriz

1942-2018

Stephen Hawking
La estrella más brillante de la ciencia

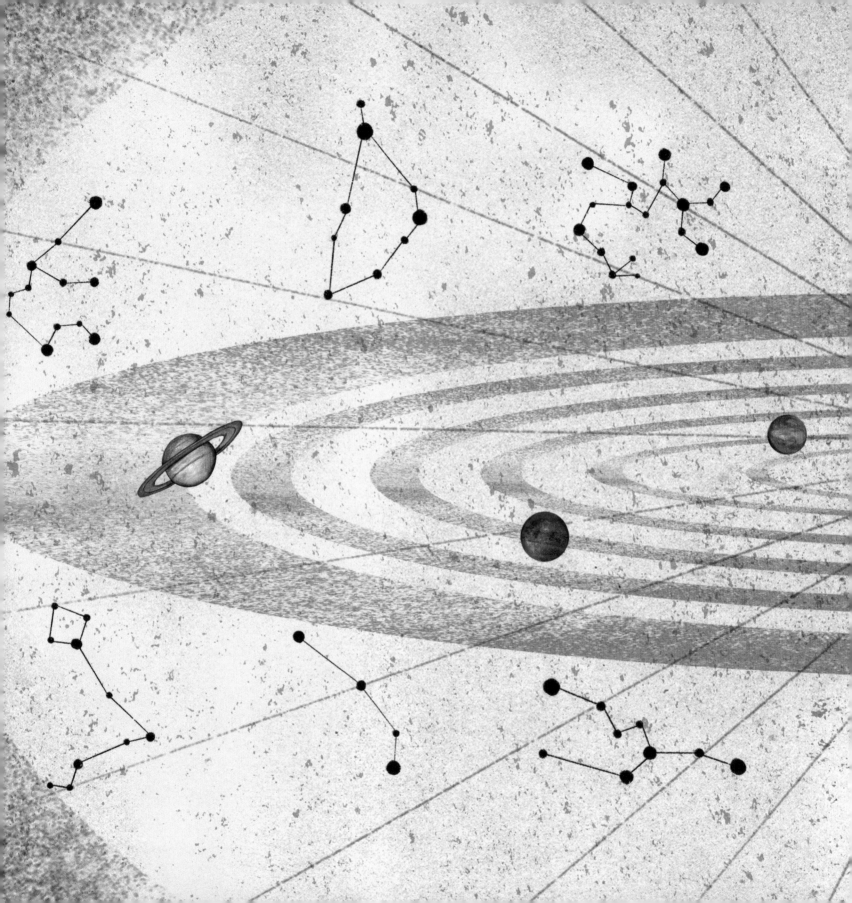